Liebe Leserinnen und liebe Leser,

dieses Buch beinhaltet eingesendete Texte zu Literaturwettbewerben.

Die Inhalte der Schriftstücke sind ganz variabel und vielfältig. Ich wünsche Ihnen, liebe Leserinnen und lieben Lesern viel Freude und eine gute Zeit durch die Reise des Buches.

Herzliche Grüße

Christian Hofmann

VERZAUBERN

Komm' herein, trete ein
Fühle dich wohl, fühle dich fein

Lass dich verzaubern
Ich berühr' dich, ich verführ' dich
Mit meinem Reimgedicht
Mit meiner Lyrik

Ich schreibe so, wie ich die Sprache lebe
Jedes Detail, jedes Gefühl, das ich hier niederlege

Folge meinen Worten
Lass dich berauschen, schließe die Augen
Um tiefer noch
In der Welt der Worte einzutauchen

Ich lebe die Sprache, ich bin die Sprache
Ich bin in dir
Immer da, wohin wir gehen, wir sind hier
Ich bin in deinen Gedanken, in deinem Geist
In deinem Sein
Wie es dir auch geht, ich bin da
Du bist nie allein

Ich bin da, bei dir, im Sturm, im Regen
Ich wende mich nie ab von dir
Drehe mich nicht herum
Ich bin deine Sonne, ich bin dein Segen

Ich bin da, wenn sonst keiner bei dir ist
Ich bin das, womit du deine Worte sprichst
Ich bin die Sprache, ich bin die Poesie, ich bin die
Lyrik, bin mehr
Belletristik, Herzgefühl, lindere Schmerz und
befüll' die Leer'

Ich bin die Medizin, ein Medikament – deine
Verbindung
Zwischen Verstand und Gefühl
Wenn das Herz und die Seele brennt

AM SCHÖNSTEN

Die Zeit ist gesprungen
Auf der Zeitverlauf-Skala
Erinnerungen blühen auf
Wie jeder Sommer, der mal da war

Traumhaft und lebhaft
So wunderschön
Wie das Blühen aller Rosen
Ist es anzusehen

Und so fühle ich mich
In die Zeit zurück
Im Damals angekommen
Mit Richtung Zukunft der ganze Blick

Wo ist es am schönsten
Ist es jemals am besten!?
Mit jedem neuen Tag erst
Wird es eigentlich erst schöner und besser

ÜBER MIR

Es ist ein grauer Himmel
Über mir
Färbt sich ins Pechschwarz
Ich sitze vor
Einer riesigen Pfütze
Meine Träume schwimmen
Umher in ihr

In der Tiefe verborgen
All die Wahrheit
Wie ein dunkles Königreich
Das ganze Geheimnis
So schweigend
Wie am Grund -
Des Meeres einst

Kein Licht fällt auf die
Verborgenheit rein
Dunkle Schleier umhüllen
Alle Sicht
Keine Möglichkeit erschließt sich –
Um zu sehen der ganzen Wahrheit Form
Gestalt und Sein

Würde die Wahrheit
Im greifbaren Körper –
Nur erscheinen
Würde sie schimmern wie Gold

Oder wäre sie schlicht
Wie das reine Weiß
Oder wäre sie finster
Wie der tiefste Kerker!?

- - - - - - - - - *Literatur-Wettbewerb 2020 © Quelle*

3 Gedichte
Christian Hofmann, 27.09.2020

Das Thema war offen, gewählt habe ich, weil ich so gerne schreibe und Leidenschaft an der Lyrik/Belletristik gefunden habe – eine Widmung an die Sprache in uns…
… wie sie uns immer wieder aufs Neue verzaubert.

Abgelehnt!
Grund: Keine eigene Veröffentlichung lektorierter oder redaktioneller Unterstützung!

Tja, Leute – dann eben nicht…

Bin nicht kommerziell genug!!! (grins)

WERDE-GANG

Ich habe 20 Gedichte lang Zeit
Schreibe solang' mir Platz für jede Zeile bleibt
Ich spaziere los, mache mich auf den Werde-Gang
Vom ersten Wort, vom ersten Schritt hier an

Von der Straßenkante bis zum Hochhaus hoch
Vom ersten Blatt bis zum letzten Buch
Ich schreibe mit jedem Atemzug
Jedes Wort fließt durch die Ader wie das Blut

Ich schreibe rockig, fetzig, mit Ecken und Kanten
dran
Mal geschliffen fein, kommt ganz auf den Tag
drauf an

Ich schreibe alles auf
Alles aus meinem Lebenslauf
Schätze das Leben, die Natur, das Tier
Jedes Lebewesen, halte es so fest in den Reimen
hier

Ich verfasse alles zu Wort und Schrift
Vom Asphalt bis zum Himmel, weit der Horizont
Ich brauche hier nur Blatt und Stift

Das Schreiben liegt mir in Fleisch und Blut
Beim Schreiben bin ich frei, spüre wie gut es mir
tut

Das hier sind verfasste einzelne Lyrikstücke
Doch alles zusammengelesen, entsteht dir keine
Lücke
Denn ich beschäftige mich hier mit meinem
Werdegang
Mein Lebenslauf, ohne Fehler, denn hier ist die
Freiheit man!

Hier ist wahre Vollkommenheit
Fern ab der gesellschaftlichen Pflicht
Ich schreibe, fühle mich lebendig
Mehr leben, wie in den Zeilen, geht echt nicht!

ZU GUTER STUBE

Trete ein in meine Stube
Hier gibt's Buchstabensuppe
Nimm Platz ein, in meiner Lyrikecke
Zitatverzierte Bilder, tapeziert vom Boden bis zur
Decke

In jedem Bilderrahmen, ein Bild mit –
Gedicht und des Dichters Namen
Wandere gerne auf philosophischen Spuren
Zeit vergeht von damals bis heute, es ticken die
Zeiger aller Uhren

Ich mache eine Zeitreise durch die Bücher zurück
Erlebe auch teilweise gute Momente voller Glück
Weisheiten, Zitate, Gedichte der Unendlichkeit
Wer wünscht sich nicht im Leben unendlich Zeit!?
Trete ein zu guter Stube
Hier vergisst du Hektik und Zeit
Lese und genieße
Was jene Zeile mit dir teilt

Geschichten, Dichter und Denker
Autoren, Schriftsteller, Philosophen
Erzählungen und Anekdoten
Die schönsten Zeilen, die schönsten Strophen

Dazu im Hintergrund
Die allerfeinste Musik un'
Kommst du wieder –
Kommst du gerne nochmal rum!?

VOM SIEGEN UND VERLIEREN

Vom Siegen und Verlieren
Von Erfolg gekrönten Tagen und Niederlagen
Daraus besteht das Leben
Erstmal begreifen, Worte lernen bevor wir sie
sagen
Last auf den Schultern erstmal spüren
Bevor wir diese, durch unser ganzes Leben tragen

Niedergänge und auch so manches
Ist mir im Leben nicht gelungen
Demnach also fehlgeschlagen
Doch so habe ich erlebt, dass meine Träume
Mich stärker und noch weiter von diesem
Zeitpunkt an
Durch die Etappen meines Lebens tragen

Denn man kann verlieren
Das ist nicht die Schande, nein merk dir das
Aufstehen weitermachen
Liegen bleiben ist die Schande so ist das!
Weil, es ist dein Leben, in jedem Atemzug
Bei Wind und Wetter, Sonne, Sturm und Regen

Lass dich nicht klein machen
Lass dich nicht klein kriegen
Jeder muss mit seinen Flügeln schlagen lernen
Bevor wir hoch und höher in den Himmel fliegen
Daraus besteht das Leben
Erfolge und Niederalgen, wirst siegen und
verlieren

Doch bei allem, was und wo du verlierst
Verliere niemals deinen Mut, deine Stärke!
Deinen Antrieb, deinen Respekt!
All deine innerlichen Werte!
Du packst es an, auch wenn du mal scheiterst
Am Ende, glaube mir, dann stehen deine Werke!

HERBST UND LAUB

Ich laufe durch Herbst und Laub
Blätter liegen am Wegesrand verstreut
Der Winter liegt schon in der Luft
Die Kälte ist schon spürbar da, greifbar nah

Mir wird in dieser Zeit sehr Unbehagen
Mit Depressionen, mir liegt die Jahreszeit schwer
im Magen
Tristes, raues, graues Nebelwetter
Auch zu dieser Zeit, ist Papier und Stift mein
Retter

Trübe, dunkle Tage
Weil die Sonne sehr früh schwindet
Sie macht dem Frost schon Platz
Welcher sich in der Nacht bei unter 0 Grad bindet

Bis zum nächsten Frühling heißt es dann für mich
Neue Episode, Herbst und Winter –
Werden wir noch Freunde –
Finden wir gemeinsam Freude oder nicht!?

FORTLAUF

Von der Schule damals bis heute
Viel durchlaufen, viel gesehen, viel erlebt,
Es kamen und es gingen –
Bekannte, Weggefährte, Freunde, alles viele Leute

Was ist geblieben nach all der ganzen Zeit
Schule begonnen, Schule beendet, in der Klasse
ausgeschlossen
Außenseiter-Leben
Ausbildung begonnen, Ausbildung geschafft –
abgeschlossen!

Nun 17 Jahre – ein langer Teil vom Werdegang
Rotiert und gewandert von einem Arbeitsplatz
zum anderen
Industrie-Metall, Bürokaufmann, Jobcoach im
Bildungszentrum
Zeitarbeit, Leiharbeit, Billiglöhne, was hängt da
alles dran!?

Aber letztendlich, meine einzige und wahre
Berufung
Schreiben, dichten und reimen, und ich tu's und
Mir geht's gut dabei, was will ich mehr, hier läufts
rund
Doch leider, versteht das niemand aus meinem
Umfeld
Denn für viele zählt nur, was arbeitest du, was
schaffst du!?

Malochen bis man umfällt, Hauptsache man
verdient Geld!

Dies alles kann so belastend sein
Führt langsam aber sicher in die Depression
hinein!
Doch es ist mein Leben, ich kämpfe dafür und
gegen alles an
Ich habe eigene Träume und Ziele, für die ich lebe
man!

DIESES LEBEN

Dieses Leben, so manches Mal verrückt
Dann so banal, dann überzogen und voll daneben!
Manche Situation schon vorausgeahnt
Dann doch Überraschungsmoment, nicht geplant

Zauberkiste, Zauberwürfel der fällt
Manchmal denkt man die Welt
Sie dreht im Eilgang ohne Pause
Wie der Zug in Höchstgeschwindigkeit, der
niemals hält

Manchmal schweben wir über den Dingen
Weil unsere Träume uns fliegen lassen
Manchmal sind wir auch traurig, weil wir denken
Dass wir die letzte Chance im Leben verpassen

Unser Leben wie ein Wimpernschlag
Im riesigen Universum, bedeutend wie nur ein
Tag!
Sterne flackern, Sterne blinken in der Nacht
deutlich klar
Doch am Tag, wenn alles erwacht, nehmen wir sie
nicht mehr wahr!

Dieses Leben ist so überwältigend
So einzigartig, großartig, manchmal auch
beängstigend
Und so bewegen wir uns in der Atmosphäre
Fest am Boden angezogen von der
Erdanziehungskraft

VIEL GESEHEN

Meine Augen haben
Schon viel gesehen
Meine Füße mussten
Schon weite Schritte gehen

Ich ging weite Wege
Über Kies, Sand, Schotter, Asphalt
Sah manchmal vor –
Lauter Bäumen keinen Wald!

Jahre liegen
Auf der Straße Namens Jetzt
Erinnerungen und Momente
Auf der Bilderkarte vernetzt

Da liegen Geschichten
Und Gedichte von, vor langer Zeit
Geht in die Zukunft
Ist nicht mehr viel aus der Vergangenheit

Jetzt schreibe ich
In der Gegenwart
Füller und Papier
Seit Kindertagen doch bewahrt

Kein Tag vergeht mehr –
Heute ohne Gedicht
In dunklen Tagen
Leuchten die Zeilen wie das Licht

ZWISCHEN UNS

Und unsere Worte
All unser Gesprochenes
Es gleitet entlang der kalten Wand
Mit den Fliesen

Und die Gefühle all der Worte
Saugt die Tapete der Wand restlos auf
Ganz vertraut –
So als wäre niemals etwas anderes gewesen

Und unsere Stimmen
Verhallen im großen, langen Flur
Schnell um die Ecke –
Auf der schnellsten Spur

Und um die Ecker herum
Dort lösen sie sich auf
Befreit und doch beklemmend
Wie nie endender Rauch

WIEDER IN GEDANKEN

Wieder in Gedanken
Wieder im Schreibfluss…

… Schöne Texte entstehen
Oft in den traurigsten Momenten –
Weil man voller Hoffnung,
alles in die Worte legt um doch –
Etwas auf ewig zu erhalten…

WIEDER BIS IN DIE NACHT

Es ist wieder dunkel
Wieder schreibe ich bis spät in die Nacht
Haltlos und in den Bann gezogen
Schreibe viel, weil ich muss nicht nur zum Spaß

Ich muss schreiben, ich muss dichten
Ich muss reimen und kreieren
Mich mit mir auseinandersetzen
Der Depression vorbeugend, schöne Wörter
zelebrieren

Ängste, Dunkelheit und kalte Nächte
Vom Schweiß gebadet so oft aufgewacht
Albträume aus alten Tagen erlebt
So oft haben sie mich um den Schlaf gebracht

Jetzt sitze ich hier wieder
Bis in die Nacht
Doch es wird eine gute –
Weil ich schöne Zeilen draus mach'

Der graue Herbst kratzt an der Tür
Seelenloser und trister Regen fällt herab
Doch ich bleibe ganz bei mir
Schreib in Regenbogen-Farben bis zum Seitenrand
ganz knapp

Da sind Träume und Ziele ganz tief in mir
Auch im tiefsten Winterschlaf bleiben sie wach
Ich schütze, hege und pflege sie ganz behutsam
sanft
Bis im Frühling alles wieder aufblüht nach und
nach

IM DETAIL

Sind meine Texte
Ein deutlich krasser Hilferuf!?
Bin ich auf der Suche
Hab' vergessen wonach ich such`?

Ich weiß
Der Teufel steckt im Detail
Überall im Leben
Vielleicht verliere ich alles
Alles – was mir wichtig war und ist

Die Antwort kann mir keiner geben
Muss die Wege wohl betreten
Und ihnen folgen, sie alleine gehen

STARK BLEIBEN

Papa hatte einen schweren Start ins Leben - Meine
Kleine
Ich würde dir gern mehr als ich bekam, so gern
geben
Doch Papa bekommt's nicht auf die Reihe!
Bitte verzeihe

Ich klopfe mir auf die Brust, es fallen nur vom
Herzen
Brocken und felsenschwere Steine
Doch ja, verdammt Papi hat dich doch so lieb
Warum er auch diese Zeilen für dich schrieb

Du bist mein Schatz, mein Herz, mein Blut
Ich wünsche mir nur, dir geht es jederzeit echt gut
Ich würde mich so gerne verstehen und genau
Da liegt auch mein Problem!

Diese Zeilen sollen sich nicht schon wieder
Nur um mich und mein Schreiben drehen!
Ich werde dich für immer lieben
Bis auf, dass ich irgendwann mein Leben verliere

Doch ich hoffe bis dahin ist noch lange Zeit
Und deine Schritte, deine Wege die noch so lang'
begleit'

Vielleicht kann ich dir nie alles geben
Denn Papa muss so oft schreiben
Manchmal könnte ich weinen
Doch will stark und an deiner Seite bleiben

Manchmal geht's mir wie dem bösen Wolf
Bloß, dass ich nicht böse bin, aber ich bin dieser
Wolf
Einsam und so oft am Umherziehen
Freiheit ruft ganz tief in mir, ich kann doch nichts
dafür

Ich hoffe du wirst mich eines Tages verstehen
Denn ich bin das Problem!
Ich war es doch schon immer
Und genau dies tut mir auch so weh! Doch jetzt
laufe los und geh!

EY-EY (Kreative Sache nach Babylauten…)
Aussprache tw. Englisch / Deutsch

Ey-Ey
A ey
Bee ey
Cee ey
Dee ey
Ey We-Tweety
Kiwi
Tee ey
Pe ey
80
Three ey
Key ey
Ey pay
Mayday
Ey H
Ey Cage
Ey m
Ey n
Ey I'm
Ei, ei, ei – lei, eiei
La la lala
La la lala
La – la – la
La – la – la

Mäusekind
Mäuschen-Tier
Mäuseschatz –
Was machst du hier!?

KAUM LUFT

So fest eingetreten
In den Stapfen vom Leben
Vom ganzen Alltag runtergezogen
Liegen im Dreck, auf der Erde mit dem Blick
Auf die Wolken, auf den Regenbogen

Haben kaum Luft –
Zum Atmen
Aufgaben, jede Menge aufgetragen
Einfach zu viel, von dem unnützen Zeug
Darum so schwer jeder Tag, so auch noch heut

DIE VIELFALT

Es ist die Vielfalt
In der ich schreib'
Kreativ und offen
So nutz' ich die Zeit

Augen und Ohren immer
Entdeckungsbereit gespitzt und gerichtet
Auf Neuigkeiten –
Über alles, ist das, worüber ich dichte

Ideen gehen nie aus
Sind wie am Fließband vorhanden
Guten Draht zum besten Freund der Lyrik
Mich hier mal herzlich bedanken!

Ihr liebt auch das Wort
Genauso wie ich!?
Lest doch mal bitte meine Bücher
Da gibt's noch mehr, wie dies hier ist

Ich liebe und lebe
Und feiere die Sprache
Wo sie anderen verschlägt –
Dort baue ich ihnen Straßen

Feldwege und
Seitengassen
Es gibt keinen Meter
Den ich auch nur auslasse

MUT UND ZUVERSICHT

Herrlich schöner
Sommerrausch
In herbstlicher
Sternenklarer
Kühler
Und frischer
Nacht

Da werden
Träume geboren
Und für Ziele –

Mut und Zuversicht
Gemacht

GOLDGELB

Goldgelb-braune Blätter
Fallen von den Bäumen
Der Wind raschelt sie
Durch die Straßen, wie verlorene Träume

Der Herbst geht
Und der Winter setzt seine Spuren
Stundenvorlauf, genau eine
Bis zum Frühling, auf allen Uhren

Im Frühling wird die Uhr
Wieder zurückgestellt
Träume erwachen
Wenn die Sonne den Tag erhellt

Das Leben erwacht und blüht auf
Neuer Punkt im Lebenslauf
Neue Kraft, neue Energie
Dieser Sommer, wird so schön wie noch nie!

DER LETZTE SCHLUCK

Der Regen fällt
Auf den Asphalt
So wie der letzte Wunsch
Am Boden aufprallt

Ohne Halt
Und ohne Gegenkraft
Auch der letzte Schluck
Er tropft vom Flaschen-Schaft

Alle Hoffnung
Alle Träume fließen dahin
Wie unzählige Tränen
Im Blick auch sind

THIS IS MY VERSCHWÖRUNGSTHEORIE

Hey, yay – yeah
Hört mal her!
Hysterie-Pandemie – Corona
This is my Verschwörungstheorie

Ich schreib jetzt was zu Corona
Im Slapstick High-Level-Mode
Verschwörungstheorie –
9 – 11 – Code!

Schweinegrippe
Hühnergrippe
BSE und Vogelgrippe
Menschheit stand schon oft auf der Kippe!

Doch eines ist bei Corona anders
Die Welt wurde im Nu von nix auf gleich auf
ONLINE gestellt
Digitalisierung schritt voran, dabei gar nicht
bestellt!

Plötzlich Pflichtimpfung
Black live matters – Ami-Cops "Nigga"
Beschimpfung
Ereignisse die sich überschlagen
Erst paar Tage, jetzt seit Monaten

Meine Meinung ist felsenfest
Es geht um die Jahrgänge 1950/1960
Denn sie besitzen Cleverness
Kein Insta, kein Facebook, keine PaybackCard
Nicht gläsern, doch sie wollen gerne auch ihre
Daten!

Also Corona, Kontaktverbote
Einschränkungen und Maskenpflicht
Damit jeder seine Schnauze hält
Keiner mehr mit dem Andern spricht!

DAS WAR'S VON MIR

Gedicht 20
Mein Wunsch-Soll/Ist
Ist erreicht, das war's von mir
Letzte Seite, letzten Buchstaben auf Papier

Was bleibt noch zu sagen
Zu allen offenen Fragen
Bitte stellen sie ihre Fragen
Antworten kenne ich keine
Doch werde gerne ihre Fragen weitertragen
(lach*)

Das war's von mir
Ich hoffe, ich konnte sie etwas unterhalten
Mit meinen Worten, meiner Schrift
Mit der Liebe zur Sprache, ihre Zeit gut gestalten

Über einen Preis –
Nun wie soll ich sagen, würde ich mich auch sehr
freuen
Aber ganz egal wie es ausgeht
Es war sehr schön, was zählt – ich habe
teilgenommen

Ich wünsche ihnen allen
Eine wirklich gute Zeit
Bis zum nächsten Mal
Dass ich wie ein neues Programm dann schreib'

20 Gedichte
Christian Hofmann, 03.10.2020

Das Thema war offen, bei 20 Gedichten erschlich sich
mir die Idee oder viel mehr, ein Gedanke – ein
Programm zu schreiben.
Das heißt wie im ersten Gedicht begonnen gebe ich die
Info dass ich 20 Gedichte Zeit habe um etwas
abzuhandeln, mit dem letzten Text – Das war's von
mir, findet das kleine Lyrik-Programm sein Finale

TRÄUME UND UNENDLICHKEIT

Unsere Fantasien
Gemischt mit unseren Gedanken
So sind einst in uns
Alle Träume samt entstanden
Es sind die bunten
Und auch die edlen Steine
Die unser Bild
Das Kunstwerk dann vereinen

Es sind Momente und Erinnerungen
Welche die Fragmente doch verbinden
Die Träume sind wie Schatten
Wir werden sie nicht verlieren
In den ruhigen und hellen Momenten
Können wir sie alle wiedersehen
Denn wie dunkel es auch wird
Von unserer Seite, werden sie doch niemals gehen

Ich glaube, wie mit den Träumen -
So ist es auch mit dem Leben und dem Tod

Wenn Träume sterben
Oder ein Ende finden
Wachsen neue Träume in uns –
Sie kommen aus der Quelle der Unendlichkeit

Nach dem Tod geht es weiter
Vielleicht wo anders
Vielleicht auch ganz anders
Doch in uns steckt die wahre Unendlichkeit

WAS MACHT DAS MENSCHSEIN AUS?

Alles zu spüren, alles zu fühlen
Alles zu sehen und alles zu hören
Zu riechen, zu schmecken
Geheimnisse verbergen und Abenteuer entdecken

Um das ganze Leben wissen
Es lieben, es leben
Es schätzen, Sehnsüchte –
Auch sie nicht missen müssen!

Kleider und Klamotten – Gegenstände
Die uns doch wahrlich falsch formen können
Entdecke deine Flamme –
So kann das Feuer in dir brennen
Aufgezwängte Pfade
Sind keine eigenen Wege
So oder so wirst du dich
Von ihnen fortbewegen

Um eine Freiheit zu leben
Musst du sie erst im Innern spüren
Du wirst sie fliegen lernen
Wenn dich ihre Flügel, erst einmal berühren

Es kostet Kräfte, Ängste zu überwinden
Doch wenn du dies schaffst, bist du frei wie der
Wind
Wir waren es alle schon einmal –
Vor langer, langer Zeit, jung und frei – wir waren
ein Kind

DIE ZEIT UND DIE BESTÄNDIGKEIT

Nicht die Zeit verändert sich
In der Zeit
Verändert der Mensch
All sein Tun und Handeln

Gesellschaft früher
Gesellschaft heute
Noch immer machen
All die Kleider Leute

Doch modern und
Auch futuristisch wird dekoriert
Im Zeitverlauf, ist der Mensch
Der gestaltet und auch das Leben restauriert

Die Zeit ist fest, sie ist Bestand
Formlos, geruchlos, geschmacklos
Doch allgegenwärtig –
Der Mensch macht immer weiter
Er findet Gefallen am Verändern
Wird so, also seines Lebens niemals wirklich fertig

Im Rausch der Zeit
Vergisst er, verwirft er
Erinnert er und sehnt sich nach –
Nach was eigentlich!?

Veränderung oder doch
Beständigkeit?
Solange der Mensch lebt, verändert er
Dies ist seine wahrhaftige Lebendigkeit

- - - 6. Bubenreuther Lyrik-Wettbewerb 2020 © Quelle

3 Gedichte
Christian Hofmann, 12.10.2020

*Das Thema war offen und der Wettbewerb stand unter
der Rubrik ohne Druck schreiben, um sich mit
Gleichgesinnten auszutauschen.*

*Find ich sehr nett diesen Wettbewerb und mit dem
Hintergrund zu wissen.*

*Bei diesem Wettbewerb ist es meine 2. Teilnahme, die
erste war bereits im Jahr 2019, allerdings ohne
erhaltenen Preis.*

URLAUB IN MARIBOR

Statt der Kreuzfahrtreise in die Südsee
Oder dem Urlaub in Maribor
Bleibt mir wieder, wie schon so oft
Doch nur die Sonne auf dem Korridor

Keine weite Reise
Nach Bolivien oder Mazedonien
Im Sommer sitze ich
Und schwitze auf Balkonien

Urlaubsziele doch schon gesetzt
Der Flieger ist bereit zum Starten
So schön ist doch der Flug –
Zu beobachten von hier unten im Garten

Es hängt und klemmt
An den doch so geliebten Moneten
Denn davon, hat jeder gerne mehr
Als nur genug in diesem Leben!

Ob Sansibar oder Singerpur
Wodka, Bier, natürlich klar und trüb – und pur!
Weizen, Korn und Sekt und Wein
Ob Urlaub fern oder daheim, überall kann es fein
doch sein

Mit Freunden an der Cocktailbar
So wie es einst schon immer war
Einen auch mal über den Durst getrunken
Vom Hocker gekippt, in so späten Stunden

WAS IST NOCH RECYCLEBAR?

Was ist in dieser Gesellschaft
Denn noch recyclebar?
Zwar so voll und ganz
Wie es mal war!

Dass zum Beispiel
Menschen an einem Tisch sich unterhalten
Als wie stur und permanent
An ihrem Hany nur herumschalten

So wortlos, gedankenlos traurig
Ist dies alles mit anzusehen
Bitte um Recycling
Bis auf den Grund, auf dem wir stehen!

Wir verlieren immer mehr
So allmählich aber sicher alle Werte dieser
Menschlichkeit
So modern und primitiv zugleich
Diese ach so schöne Lebenszeit

Worte bleiben in uns stecken
Gefühle gehen unter und ersticken
Unausgesprochen – Herzen brechen
Wie viele Herzen sind schon gebrochen!?

Sag mir was ist noch recyclebar?
Und zwar so voll und ganz
Und sage mir, dass du diesen Zustand
Wirklich noch ertragen kannst!?

DER ORK UND DER RIESE

An einem späten Abend lagen –
Der Ork und der Riese
Auf der Spielewiese
Sie waren sehr berieselt, der Ork und auch der
Riese

Auch im Mittelalter
Alter Falter!
Gab es genüssliche Bräuche
Und auch guten Bräu

Den Kelch rumgereicht
Wer am meisten verträgt, darauf wurde dann
geeicht
Auf der Spielewiese, spielten Ork und Riese
Wieder guten Brauches mit Gebrautem, so der Tag
verstreicht

Der Ork und der Riese
Auf der Spielewiese
Ist die Kehle trocken, wird der Kelch rumgereicht
Wer am meisten verträgt, darauf wird geeicht

Alter Falter! So war es schon im Mittelalter
Auch die rüstungstragenden Ritter
Sie tranken, doch ihnen war es zu bitter
Sie seien doch cleverer als ein Tor –
Dieses Mischgebräu, kam ihnen ungeheuer vor!

Doch der Ork und der Riese
Tranken und taumelten auf der Spielewiese
Sie waren so herrlich voll und breit berieselt
Die Promille haben leis' ins Oberstübchen
gerieselt

AUS KEINEN HERRENJAHREN

Ich erinnere mich an eine Zeit zurück
In der man zu mir sprach
Lehrjahre, sind keine Herrenjahre
Und ja, was soll ich sagen…

… Es war zu meiner Praktikumszeit, diese liegt
zurück
Schon viele Tage weit - in der Elektrowerkstatt
durfte mich versuchen, Elektronik, Widerstände,
Jumper, Leuchtdioden
Auf der Platine gelötet, alles kreativ – der
Elektromeister fragte mit Entsetzen im Blick,
„willst du eine Autobombe bauen"!?
Ich darauf hin – „Ja, ich kann es ja mal
versuchen"!

Schnell stellte sich heraus
Und dies war klar
Die Elektrotechnik
Ist das, was nichts für mich war!

Später dann in der Schreinerei
Mit Höhenangst auf dem Gerüst gestanden, oh!
Das war's!
Sagte der Schreiner zu mir – Mensch du zitterst ja!
Das Gerüst wackelt ja wie ein Entenarsch!

Elektro und Holz fiel somit schnell von der Kette
Dann gab's noch Metall in der Auswahlpalette
Da schon etwas älter nicht mehr ganz so dumm
Bläschen für die Wasserwaage, holte ich nicht
darum!

Doch erwischt hat es mich dann noch
Zu meinem Lachen, mein Versagen
Sollte ich holen einen
Siemens-Lufthagen

Ich fragte mich so hin und her
Auf der Suche nach diesem Gerät
„Lufthagen"!? „Was soll es sein –
Wie sieht er aus"!? Dachte ich hätte mich verhört

WERKZEUGWECHSLER – CNC-MASCHINE

Eine Situation aus meiner Ausbildungszeit
Zum Zerspanungsmechaniker – Fräser CNC
Ich erinnere mich zurück an den lauten Schlag
An die Brocken die flogen, oh weh! Oh weh!

Ich wollte an der Maschine
Ein Fräswerkzeug wechseln, dachte kriege ich
doch hin
Programmier-Befehl: TOOL CALL!
Buff, schepper *BÄM*! Da war es geschehen!

Die Maschine führte nur aus, meinen Befehl
Doch dass das Werkzeug beim Wechseln schon
belegt war
Im Revolver, das habe ich leider –
Aber glatt ja übersehen!

Es gab ein „Wums" ein „Rums" die Teile flogen
Die Werkzeuge waren gar nicht mehr so ganz
Nicht entzwei oder verbogen nein –
Die waren Schrott – Altmetall um es zu sagen,
vortrefflich ganz!

Der Meister schrie und bebte
Ich wurde rot und erstarrte
Oh! Das war ein Tag …
… Dem zeige ich heute die rote Karte!

BETRIEBSFESTE

Es ist noch gar nicht lange her
Und ich erinnere mich zurück und so gerne, ja
sehr
Das erste Weihnachtsfest in diesem Betrieb
Oh an diesem Abend, was da so alles lief

Mein Chef er war so sturzbetrunken
Man hatte ihn vermisst
Er kam nach Stunden zur Tür herein
Die Brille schief gesessen, 2 Mann haben ihn
gestützt

Er war so sehr besoffen
Ja es so zu beschreiben, ist wahrlich auf den Punkt
getroffen
Der sagte, viel mehr er lallte, „Listan, immer de
Ruhe bewan"
Was so viel heißen sollte wie: „Christian, immer
die Ruhe bewahren"!

Auf einem Sommerfest im gleichen Betrieb
Benahm sich ein Kollege so daneben
Er nahm den Karteständer vom Tisch, machte
zweideutige Scherze, allerdings waren mehrere
Frauen daneben!
Der Chef von allem fand es nicht so witzig –
Doch er war so betrunken lachte und grinste!

Auf einer anderen Feier, in einer anderen Firma
Hat ein Kollege sich dermaßen besoffen
Am Ende der Veranstaltung, dachte er sich –
Er muss einmal die Halle kotzen!

Bei all dem Erlebten
Bei all dem Feste
So frage ich mich, welche –
War denn eigentlich die Beste!?

ES BILDEN SICH FALTEN

Es runzelt die Stirn
Es brennt der Helm unter'm Schirm
Es bilden sich Falten
Neue sie folgen, auf die alten!

Es brechen alle Zacken aus der Krone
Geräusche durch Zwiebel und Bohne!
Wohl zu viele Gewürze gegessen!?
Oder zu lange im Kaktus gesessen!?

Wohl etwas zu heiß gebadet?
Die ganze Fahrt, sie ist ausgeartet!
Macke? Meise? Wohl einen Stich!?
Man! Kapierst das Einfachste nicht!

Schlecht geplant ist sehr gut unvorbereitet
Mission Fehlschlag! Erfolgreich eingeleitet!
So dumm wie 5 Meter Feldweg
Geistig umnachtet, weg vom Hellweg

Brennst nicht gerade wie die hellste Birne
Armleuchter! Deine Schlauheit, wie hohle Kerne
Das Hirn so groß wie eine Erbse
Reichlich gießen, dass es noch größer werde

Hier kommt der Paul mit seinem Gaul
Und der Gaul und der Paul die sind so faul
Hier ist die Anne kommt aus der Tanne
Aus der Tanne kommt die Anne sie hatte eine
Panne

VERFOLGT VOM PECH

Er ist verfolgt vom Pech
Kein Glück kommt noch hinzu
Er tritt in die Pfütz' und Taubendreck
Und in Fettnäpfchen, zu gerne immerzu

Er ist sehr lebensfroh
Doch Tollpatsch ist sein zweiter Name
Oft verpeilt und ahnungslos
Fragezeichen stehen auf seiner Fahne!?

Er hat nicht gerade das Gefühl
Als wäre es, so eine tolle Gabe
Doch im Grunde ja schon gewohnt
Seit vielen Jahren und so mancher Tage

Der arme Kerl, kein Geld auf seinem Konto
An seinem Haben, nagen – die Mäuse
Sein Lebenslauf, er verläuft so
Seine Weise, er ist ganz leise – trotzdem nie ohne
Geräusche

Sein Konto ist so im Minus satt
Jetzt fährt er noch den Reifen platt
Nun muss auch noch das Auto
Zum Radwechsel in die Werkstatt

DANACH IST WIE DAVOR!

Was ich hier nun beschreibe –
Habe ich miterlebt, amüsiert bei Leibe
Ein Bekannter von mir aus alten Tagen
Mit ihm sollte ich einen Handyladen

Er erzählte unterwegs, dass er doch
Ein neues Handy habe und müsste in den
Handyladen
Ich dachte mir nichts dabei
Noch nichts ahnend war ich nun so oder so dabei

Angekommen in der Stadt
Vorgefunden nun den Handyladen, noch nicht
betreten
Da sagte mein Bekannter mir
Er müsse für ca. 50 Euro kaufen, ein Innenleben

Er ging rein und ich war am Überlegen
Ein Innenleben, wie soll das denn gehen!?
Er kam raus, ganz erregt und voller Zorn
Ich sagte stopp, bitte noch mal von vorn

Er gab mir in die Hand, sein neues Gerät
Nicht lange geblickt, was mir verrät
Es war ein Handy-Dummy, das Display sich nicht
bewegt
Er war verärgert, ich musste lachen, die Stimmung
sehr erregt!

Ich sagte, „Kumpel, das ist ein Spielzeughandy"!
Innenleben, das kam mir schon seltsam vor
Ich war so am Lachen, er tat mir ja schon leid
Nach allem was nun war, kann man sagen –
danach ist wie davor!

DAS ENDE DER GESCHICHTE – IM AUTO

Ich erinnere mich zurück
Es war im Jahr zwanzigvierzehn
Wollte mit meinem Cousin
Abends durch das Städtchen ziehen

Ich war in die Stadt gefahren
Auto dabei, denn wir wollten nichts trinken
Dann kam alles anders wie geplant
Bei dem Cocktail Zombie blieben wir hingen

Harmlos begann es, denn er fragte
Wenn er ein Colabier trinkt, ob ich was dagegen
habe
Ich meinte zu ihm Nein, trink nur was –
Denn alles gut, ich fahre…

Dann trank er einen Zombie und
War nach diesem verständlich bei guter Laune
Er sagte probiere nur einmal, einen kleinen
Schluck
Aus dem Schluck natürlich wurde mehr, doppelt
so gute Laune

Mitten in der Nacht oder schon eher
Etwas am frühen Morgen, die Straßen schon hell
Völlig verpeilt, wussten nicht mehr wo wir sind
Die Straßenlampen schienen so arg grell!

Wir fanden das Auto gegen frühen Morgen dann
doch
Legten uns zum Schlafen rein
Die Jacken waren Decken, frühlingshafte
Temperaturen
Egal, dieser Abend er war lustig, er war fein

Zu später Stunde im Auto erwacht
Nochmal in die Stadt gemacht
Kaffee, Cola und an der Luft spazieren
So konnten wir nachmittags, wieder fahren auf
den Rädern, auf allen Vieren

WINGERTSBERG

An eine wirklich gute und lustige Zeit
Erinnere ich mich, diese war im Sommer 2015
In Bad Homburg vor der Höhe am Wingertsberg
Psychosomatische Reha, lustige Momente die
entstehen…

… Zum einen war da Thomas, ein lustiger Kerl
Drückte mir seinen Wäsche Korb in die Hand und
sagte:
„Bitte halt mal, das klaut sowieso keiner –
Denn dreckige Unterhosen will wohl kaum einer"!

Dann war da Hans-Gustav, wir spielte Tabu
Er sollte eine Figur spielen, die Holz zerspaltet
Wenig Mühe sich gegeben, stand er auf
Und den Arm nach vorne und nach hinten
verwaltet

Dann war da noch der Schwabe, dessen Namen
ich leider –
Nun doch nicht mehr weiß, beim Spielen sollte er
einen Gegenstand beschreiben, wie er aussieht,
aber gib nichts Preis!
Er sagte: „Desch hat ma hald", Desch is so ä
Ding", wir lachten und die Seele aus dem Leib

Mein Highlight war das Spielen in der Turnhalle
Volleyball und ich, keine gute Kombi, einer bleibt
auf der Strecke!
Ausgerechnet ich beim Aufschlag, noch genauso
gut –
Wie damals in der Schule, ich haute den Ball unter
die Decke!

So betrachtet, also keines Falls verschlechtert
Mein geringes Können auf dem Feld bewahrt
Oh, es war ein witziger Aufenthalt
Im Sommer in Bad Homburg, ich vergesse keinen
Tag!

DAS WAR MEIN KOLLEGE MANNI

Es ist so, im Arbeitsleben – gibt's Menschen
Die in unser Leben treten
Und bei manchen denkt man einfach
Denen musste man doch nicht begegnen…

… Eine Person war Manni –
Manni war oft auf Dienstfahrten mit mir
Zuhause war er sehr gefrustet vom Frauenklatsch
Durch die Nachbarin, erzählte er mir
Sein Genuss war es, ein bisschen Bier zu trinken
Doch so sagte er: „Wenn die Waschweiber
Zusammensitzen, kann ich –
Mein Bierchen trinken glatt vergessen!

An dem einen Tag, da weiß ich noch genau
Gerieten wir in einen Stau, beide Fenster unten –
Vor uns ein Cabrio, darin war eine Frau
Die Straße wurde wieder frei, er schrie „Fahr
doch"!
Die Frau schaute in den Spiegel und ich versank
im Sitz
Manni brüllte: „Ich sag's doch immer, Frauen und
fahren geht nicht"!

An einem Morgen, so war es auch
Fuhren wir aus Biedenkopf raus
Zwei Kollegen mussten wir abholen
Sie hatten verschlafen, Manni war laut am Hupen!

Er sagte: „ich gehe jetzt klingeln
und macht keiner auf
In diesem Mehrfamilienhaus – dann klingel ich
alle Apachen und Hebräer raus!

Ich saß im Auto, wusste nicht was ich denken
sollte…
Kommen die Kollegen raus, gibt's Radau, kommt
niemand raus
Lässt er alles auf der Fahrt heraus!

Das war Manni, mein Kollege
Eigentlich kein schlechter Kerl
Nur gefrustet und unzufrieden
Hatte ich ihn trotzdem gern!?

WITZIG – NUR SO ANDERS!

Kinder und Jugendliche
Sie tippen sich die Finger wund
Das Display laut und es blinkt so bunt
Die Industrie, ja sie läuft rund

Werte werden vergessen
Im Konsum so sattgefressen
Wer braucht schon Entfaltung oder Persönlichkeit
Apps und Spiele, soziales Netzwerk, alles steht
bereit

Kaufe dir Apps, kaufe dir Handys
Kaufe dir Konsolen, Filme und Spiele
Egal wie teuer, alles kostet doch Geld
Mach mit, machen doch schon so viele!

Arbeiten fürs Geld verdienen
Alles ist nur ein Austausch
Geld erhalte, dann sollst du es bringen
Ins Geschäft, im feinsten Rausch

Alles blinkt, alles bunt
Sonderangebote die dich locken
Eigentlich alle witzig –
Außer, dass dir dein Geld abzocken!

DA GIBT'S EIN PROBLEM

Im Management
Da gibt's ein Problem
Lösung schnell gefunden
Nicht genauer hingesehen

Katastrophale Fehler
Sie sind aufgetreten
Lösche sie im System
Keiner wird drüber reden

Lieber in die Pfütze fallen
Als ins Häufchen Scheiße treten
Vermasselt und verpatzt
Parkett, Laminat, Schiefer-Haussegen

Von der Reihe, total verpeilt
Viel zu schnell, vorbei geeilt
Im System, im Radar, im Hamsterrad
Völlig kaputt, den ganzen Tag

SO WIE SONST KEINER

Wie der Ochs vor dem Berg
Stehe ich hin und wieder
Vor meinem Lebenswerk
Ziele und Pläne eifrig gemacht
Strich durch die Rechnung
Das Schicksal, es lacht!

Ich habe Träume
Ich habe Wünsche
Wie ein Wald voller Bäume
Ein ganzer Raum voll hier
Alles gesammelt und verschlossen
Doch alles verschwindet durch die Hintertür

Die Katze im Sack, alles im Eimer
Noch einen oben drauf setzen
Kann dieses Leben, so wie sonst keiner!
Alles geplant, alles durchdacht
Der Tag läuft wie am Schnürchen
Doch nicht beachtet, hatte ich die Nacht!

Das Wasser es kocht, der Kessel er zischt
Die Wäsche verfärbt zu einem –
Sehr bunten Farbgemisch
Am Kragen gepackt, auf den Schlips getreten
Volle Deckung, ganzer Einsatz
Aber alles ging mal wieder daneben!

Kohle gebraucht, Kohle verbraucht
Die Kohle ist nicht weg
Sie hat nur jemand anderes, nun im Gebrauch
Kosten und Rechnung, ab in den Müll
So ist das Leben –
Beträge bezahlen, lautstark ist das Gebrüll!

*Lustige Gedichte und Erzählungen Lyrik-Wettbewerb
2021 © Quelle*

*Zu den eingesendeten Texten galt die Vorgabe, lustige
Gedichte und Erzählungen zu verfassen.
Sehr viele der Texte sind aus meinem Leben, aus
Tatbeständen.*

*Andere wiederum beinhalten Wortwitze oder surrealen
Stoff.*

*15 Gedichte
Christian Hofmann, 16.10.2020*

Biographie

Christian Hofmann geb. 05.03.1986 in Biedenkopf, bei Marburg an der Lahn
Buchautor seit 2019, Entgegen der Zeit-Reihe
Bühnenauftritte seit 2015

Werdegang:
Berufliche Laufbahn:
Gelernter CNC-Fräser, Modell- und Formenbau
Gelernter Personal-disponent/-referent
Ausbilderschein
Ausbildung für Gefährdungsbeurteilungen (Industrie)
Job-Coach, Motivator
Bewerbungsmanagement bei Bildungszentren

Kurzfassung:
Während meines schulischen- und beruflichen Werdegangs, war schon immer das „Schreiben" ein großes Thema.

Im Jahr 2006, habe ich begonnen ein literarisches Sammelwerk aufzustellen, welches bis heute ca. 2000 Texte umfasst und in meinen Büchern unter der Reihe ENTGEGEN DER ZEIT publiziert werden.

Das Schreiben ist zunächst Hobby gewesen, wie schon durch frühere Schulzeit, habe ich Geschichten und Fußballberichte geschrieben, zwar fiktiv primär wurde aber dann bedingt meiner Außenseiterrolle in der Schule und dank der Musik zu wahrhaft und erlebten Gedichten und Songtexten verfasst.

Die Musik und somit die Sprache, haben mir sehr viel auf meinem Werdegang mitgegeben. Mein Schreiben ist aus Hobby zur Leidenschaft geworden, heute empfinde ich sie sogar als wahre Berufung. Leider ist es mir beruflich noch nicht möglich, diese schöne Berufung in voller Form auszuüben, daher bin ich noch „Hobbyautor".

Fast 15 Jahre schreibe ich nun Gedichte, Poesie, Lyrik, Zitate, Kurzgeschichten und Songtexte und an ein Ende ist nicht zu denken.

Immer wieder entdecke ich mich in der Sprache neu, genau dies fasziniert mich an der Sprache. Selbst in diesem Jahr (08.09.2020) erschien sogar mein erstes englisch-sprachiges Buch.

Meine Buchreihe umfasst derzeit 19 Anthologien, welche der Reihe wie o.g. ENTGEGEN DER ZEIT lauten.

In gut 15 Jahren, ist eine Menge an Schriftstücken entstanden.
Texte über Träume, Ziele, Freude, Freunde, Hoffnung, Mut, Liebe, Trauer, Leid, Schmerz, Depression, Niederlagen, Neubeginn, Widmungen, Tiefgründigkeit, Satire, Kabarett, Zeitarbeit, Politik, Gesellschaftskritik.

Alles, was ich bis dato verfasst habe, zeichnet mich und meine Persönlichkeit, mit allen Erfahrungen und Erlebnissen aus.

Herzliche Grüße, Christian Hofmann

Bonus-Material
Unveröffentlichte Lyrikstücke aus dem Sammelwerk

NEUE SEITE

Ich kann es gar nicht lassen
Muss hier verfassen
Was mir unter der Haut –
Unter den Nägeln, auf der Seele brennt

Vielleicht komm ich hier zum Schreiben
Von ganz neuen Zeilen
Vielleicht entdecke ich –
Was ich von mir selbst noch nicht kenn'

Eine völlig neue Seite
Unberührt und nicht verzehrt
All meine Wege sind noch weit
Stellenrang von welchem Wert!?

Was kann ich gewinnen
Was kann ich denn verlieren!?
Es wird kein zählbares Resultat
Ohne etwas zu probieren

Kenne ich mich, kenne ich mich nicht!?
Scheint bis hin ins letzte Eck
Bis hin zum letzten Fleck
Ein großes, weites, helles Licht!?

Kann das Leben halten
Was es in den Träumen mir verspricht?
Renne und irre ich ziellos durch die Gegend
Die Realität ist, was den Träumen widerspricht!

STILLSTAND

Solange die Erde sich dreht
Und die Menschheit den Tag bewegt
Solange geht es ihm stets gut
Weil der Stillstand dies nicht tut!

Er tickt so in seinem Innern
Sein Herz und seine Seele sind so geschaffen
Er kann nichts daran ändern
Ohne Freiheit, Wort und Feder
Trägt die Depression die starken Waffen!

Er muss allein sein
Er muss schreiben
Es lindert all die Wut
Die Schmerzen und das Leiden

Jeder Tag muss ein Leben weisen
Um weiter durch die Neuigkeit zu reisen
Stillstand und Gewohnheit
Bringt Trauer auf lange Zeit

Und er kann nichts dafür
Dass er nun mal so tickt
So ist er geschaffen
So ist er im Innern gestrickt

Immer neue Reime finden
Weil die Wörter ihm nicht schwinden
Immer wieder aufs Neue
Sehnsucht hält ihm so die Treue

ZAHLENSYSTTEM

Hier rollen keine Würfel
Denn hier regieren Worte
Ich will weg von dem Zahlensystem
Will Buchstaben in einer Reihe sehen

Keine Rechnung
Nur Gefühl
Kein Beleg
Will das Leben spüren

Zahlenmeister
Hin oder
Ist wie der Wind
Kommt, doch weiß auch nicht woher

Ich tauche ein
In die Welt der Worte
Ohne großen Zahlenwert
Hohe Zahlen
Zu hohe Summen
Machen bloß den Kopf zu schwer

Zahlenwert und Einheit
So trägt das Geld die Währung
Geld verdirbt den Charakter
Das ist wohl die Erklärung

Denn es geht ja bloß ums Heu machen
Kohle haben, Knete verprasseln
Irgendwer wird schon irgendwann –
Einmal hier sauber machen

WELCHE ZEILEN

Welche Zeilen ich auch noch schreibe
Was ich auch nur von mir teile
Alles ist in mir
Auf dass, ich immer dieser Christian bleibe

Auf meinem Weg
Da waren 1000 Steine
Ich räumte und räume
Sie immer noch beiseite

Aus manchen baue ich Pfade
Manche werfe ich ins Gehege

In der Hoffnung
Sie bilden so vielleicht
Auch für andere Menschen
Viele weite Wege

Ich muss schreiben
Ich muss es teilen
Auf dass, im Leben -
Unsere Wunden alle heilen

UNTER MEINER HAUT

Ich trage dich
Unter meiner Haut
In meinem Herzen, in der Seele
Durch mein ganzes Leben

Jeder Nadelpiks, der die Tinte
In die Haut mir schießt
Jeder Stich ist für dich
Denn ich trage dich, bei mir
Für immer, denn ich liebe dich

Ich werde dich immer lieben
Gehe deinen Weg, geh ihn voller Liebe
Ich schicke dir Sterne in jeder Nacht
Und einen ganz besonderen, der immer über dich
wacht

Du wirst deine Schritte gehen
Ich weiß, du wirst dein Zuhause finden
Ich wünsche dir alles Glück und alles Liebe
Nur das Beste bei allem was du beginnst
Ich trage dich immer im Herzen, bis ich nicht mehr
bin

Bei allem was ich tat
Was ich fand und auch verlor
Nichts davon trägt einen Wert
Nur der Tag im Juni, an dem wurdest du gebor'n

WAS KANN ICH NOCH SAGEN

Was kann ich noch groß sagen
Wie unzählig mal – es tut mir alles so leid
Ich ticke wie ich ticke
Und ich weiß, ich bin nicht immer leicht

Nichts war ein Fehler
Nichts falsch zu keiner Zeit
Die Probleme liegen tief in mir
Und verdammt es schmerzt – es tut mir leid

Ich würde grad so gern –
Raus aus meiner Haut
Fühle mich selbst wie ein verlorener Stern
Auf den niemand so gern schaut

Bin der heiße Tropfen
Auf dem Stein
Was bin ich nur!?
Suche den Sinn allein

Das Nitroglycerin
Im Feuerwerk
Das Porzellan, das zerschellt
Mit hohem Wert

VERDAMMT GUTE LIEDER

Es gibt zu viele
Verdammt gute Lieder
Ich hoffe ich vergesse nie eins
So viele höre ich gerne wieder

Weil so viele Texte –
Mehr als nur Bände sprechen
Glaube ich, dass sie Leben retten
Auch wenn, gerade wieder Herzen brechen

Auch wenn, man gerade
Ganz einsam und allein auf dem Weg ist
Doch dieser ist das Ziel
Vergiss nie, dass du ein Teil des Weges bist

Hat dein Weg auch
Kreuzung und Feldweg auf der Strecke
Vergiss nicht –
Es gibt ein Lied für jede Straßenecke

Die Melodie ist die Begleitung
Durch die Nacht und durch den Tag
Alles was in dir ist, das bleibt
Was auch geschehen mag

MUT UND KRAFT

Es ist nicht immer leicht
Auch wenn vieles noch so einfach klingt
Bei allem was geschieht
Es bleibt der Ruf des Herzens
Der dich Nachhause bringt

All die Lebensträume
Sie sind nicht einfach so entstanden
Nun schimmern meine Flügel wie die Sonne
Weil sie im Feuer –
Zu den mutig-schönsten Farben brannten

Die Schönheit dieser Flammen
Sind auf ewig mein
Ich habe schon so vieles überstanden
Kraft und innere Stärke
Sind meine harterkämpften Werte!

Nichts nimmt mir die Sonne
Nichts nimmt mir die Träume
Denn es ist mein Leben
Es gibt keinen Schritt den ich bereue

DER NÄCHSTE HOFFNUNGSSCHIMMER

Der Regen fällt so schweigsam
Doch schlägt so laut auf den Grund
Nicht jeder erkennt das Grau im Schatten
Die Farbe welkt, es stirbt das Bunt

Jede Fassade
Jedes Werk
Es verliert mehr und mehr
Am Sonnenschein

Trotz dem Lächeln
Im Gesicht
Ziehe ich durch den Beton
Ganz fein, allein

Wohin fällt der
Nächste Hoffnungsschimmer?
Ziehen die bunten Wolken
Noch so endlos weit?

Wohin gehe ich, wohin treibt es mich?
Befinde mich im Rausch der Zeit

Die Wellen schlagen
Weit im Meer
Klingen wie der Ruf
Des weiten Ozeans

Keiner sieht
Wie alles schwindet
Nur die Frage bleibt
Woher kam's!?

UND JETZT!?

Nur wer in Tränen
Gelernt hat zu schwimmen
Beherrscht den Lebenstanz
Im Regen
Nur wem der
Gebrochene Flügel heilt
Und auch wieder wächst
Weiß um die Kostbarkeit des Fliegens

Tränen laufen
Im Prinzip aus Freude
Mein Herz es spürt
ERLEICHTERUNG
Denn jede
Dieser Zeile
Bringt mir wahrlich
SEELISCHE BEREICHERUNG

Ich sitze hier und schreibe
Wunde – bitte, bitte heile!
Ich erwarte keine Wunder –
Auch keine Wirkung in Windeseile

Und jetzt!?
Jetzt ist es so
Als würde meine
SEELE FLIEGEN
Weil mein Herz schlägt
Wie breite Flügel
Ja ich lebe diese
KOSTBAREN ATZEMZÜGE

SCHREIBLEIDENSCHAFT

Was liebe ich am Leben?
Lebe ich eine Liebe?
Keine Ahnung, keinen Plan
Es sind halt meine Züge
Auf jeden Fall besitze ich
Eine Schreibleidenschaft
Kann man dies Leben nennen?
Was hat es mir alles gebracht?

Bin ich denn Verlierer auf weiter Flur?
Ein Fehltritt, in doch so fester Spur!?
Rutsche ich in die Nachlässigkeit?
Vorbei an der Routine, so ganz weit!?
Was ist geschehen?
Was wird kommen, was wird gehen?
Was steht noch bereit?
Brenne im Feuer, in dieser Zeit!

Tief in mir steckt Müdigkeit
Faserrisse jener Zeit
Kopf hoch, Blick zur Sonne
Wer nix probiert, hat nix gewonnen!
Warum denke ich im Leben
Bloß immer so viel nach?
Was will ich erwarten?
verfolgt mein Inneres einen Plan?

Ich existiere in Wort und Schrift
Habe Gefallen an der Schriftstellerei
Verblüfft und fasziniert
Von all der ganzen Wortzauberei

MEIN HERZ DRAN

Es geht nicht nur
Um mich
Nicht nur
Um die Schreiberei

Es geht um mehr –
Da hängt mein Herz dran
Und die Seele
Sie ist auch dabei

Ich weiß
Dass ich an allem Schuld trage
Ich weiß
Dass ich dies alles zu unterzeichnen habe!

Doch ich kann nichts dafür
Kann nicht aus mir raus
Und genau das –
Verdammt nochmal! Es frisst mich auf

Stecke fest in meiner Haut
In jeder Ader, jeder Faser
In jedem noch so verstricktem Strang
Nicht nur heute, mein ganzes Leben lang

War distanziert, habe es ruiniert
Scherben bringen Glück!?
So ein seltsam schönes Sprichwort
Sie bringen aber keine Zeit zurück!

GENUG GESEHEN

Hallo Welt
Ich sage ade
Bin die Gesellschaft satt
Habe genug gesehen
Flüchte mich in
Neue Lyrik rein
Stolperfrei
Freund wird nun, Ast und Stein

Nicht alle Menschen
Sind schlecht
Die Ruhigen und die Klugen
Sie sind gut
Doch leider ist es
So sehe ich ein
Des Menschen Brauch
Schlägt und misshandelt Mutternatur

Ich habe echt genug gesehen!
Meine Augen sie sind müde!
Ob provokant oder Friedenspoesie
Ich fühle mich als, gingen meine Botschaften ins
Trübe!
Ich widme mich neuen
Epochen
Herz zertrümmert, Seel' zerschlagen
Doch ich bin noch nicht gebrochen!

Neue Lyrik
Es ist an der Zeit
Ich höre wie sie ruft
Hast geschunden, nun komm' heim!

DER HERBST

DER HERBST
ER IST EIN EGOIST
VERSCHLINGT DIE SONNE
GANZ ALLEIN FÜR SICH

DEN MENSCHEN
BRINGT ER WETTERGRAU
ALLES TRÜBE UND TRIST
STATT DER AUSSICHT BLAU

IST DER HERBST
MANN ODER FRAU
WAS ES AUCH SPRICHT
MAN KANN NICHT TRAU'N

OKTOBER, NOVEMBER
DEZEMBER-BLUES
ICH WILL ZUM
FRÜHJAHR-SOMMER-RENDEZVOUS

DIESER BLOCK A4

Es gibt Tage da geht nichts vor
Und auch nichts zurück
Weit entfernt
Scheint auch so wirklich jedes Glück

Doch welch einen Sinn
Bringt es in Gedanken zu verfallen
Leicht gesagt, leicht gedacht
Schon passiert – schon reingefallen!

Jetzt sitze ich wieder hier
Vor dem verführerischem blaken Papier
Es verlangt beschrieben zu werden
Dieser Block A4, ist mein Platz auf dieser Erde

Ich habe keine Chance
Ich kann nicht widerstehen
Wenn ich Papier und Füller
Vor meinen Augen sehe

Was kann ich tun gegen
Dieses Verlangen, diese süße Sucht
Warum muss ich so viel schreiben!?
Habe doch zu leben längst versucht!

So viele Dinge habe ich zu sagen
Könnte pausenlos schreiben
Weil ich in diesen Momenten lebe
Wirklich schwer – für andere zu begreifen

SIE BRINGT MICH NACHHAUS

Schreibe ich doch für Mensch und Welt
Ist in mir doch Einsamkeit
Weil die Gedanken wollen raus –
Es vereinnahmt mich und bin frei zugleich

Worte purzeln durch den Kopf
Und in Sätzen fallen sie heraus
Wenn ich mich auch oft verliere
Die Sprache, ja! Sie bringt mich Nachhaus

Der Kopf so oft zu voll
Seele belagert bis ins letzte Eck
Dann kribbeln die Nerven denn
Sie finden nicht wirklich ein Versteck

Die Sprache befreit, doch –
Fühle ich auch Schmerz und Leid
Sind die Wege auch schon alt
Ist es auch lange her und so fern und weit!

Ich philosophiere einfach zu gern
Über mich und mein Leben
Ich spüre mich, wenn ich –
Gedanken und Momente in Emotion zerlege

ROSE ODER FLINTE

In der Sprache, in jedem Text
Ist meine Ruhe - die Zuflucht jeden Sturmes
Mein Zuhause ist dann der Moment
Und der ist allen Ortes

Gegenwärtig träume ich von der Zukunft
Der Künstler und sein Werk
Ich verfasse Träume nach denen ich strebe
Bestärkt der Glaube, so versetzt er Berge

In dem Moment, wo die Freiheit
Mein Inneres das Herz berührt
In dem Moment ist alles möglich
Weil der Gedanke mich verführt

Ich schreibe mich nun in den
Wirklich schönsten Rausch
Ich hoffe ich erwache –
Ja, ich wache niemals aus ihm auf!

Das Genussmittel, es ist die Tinte
Wortwahl bestimmt über Rose oder Flinte
Ein Schuss Kaffee zum Gefühl
Alles landet hier, was ich jetzt spür!

EIN JEDER STERN

Ich schlage ein neues Kapitel auf
Denn das Leben, es nimmt seinen Lauf
Alles was zurück liegt, Geschichte zu Ende
Entgegen der Zeit – nur noch Legende

Jetzt kommt der Herbst
Das Leben verfällt jetzt in den Schlaf
Bis ins nächste Frühjahr
Wenn es wieder dann erwacht

Der Herbstblätter fallen herab
Der Winterzauber nicht mehr fern
Am Himmelszelt weit oben
Leuchtet auf so hell ein jeder Stern

Ich gehe weiter all die Wege
Die nahen und die fernen
Wenn ich meinen Blick verliere
Schaue ich hoch zu all den Sternen

Ich gehe weiter gezielt
Lass mich aber gerne auch mal treiben
Kein Ort kann schön genug sein
Um doch ewig dort zu bleiben

ALL VOLL GLÜCK

Ich würde gern zu den Sternen verreisen
Gerne auch für immer bleiben
Was soll man dagegen haben?
Schimmernd-funkelnd, schöne Zeiten

Werde dort meine ganzen
Kreisbahnen ziehen
Leuchte so hell auf
Beim Verbinden all der Sternenlinien

Ziehe meinen Längen- und
Meine Breitengrade
Horizontal und vertikal
Es werden galaktisch-schöne Tage

Weit im Raum der Leere
Ohne Zeit, frei aller Schwere
Anziehungskraft zur Euphorie
In der Ewigkeit verweilen, hier endet es nie

Kein Ende in Sicht
Den grenzenlos ist hier der Blick
Einmal volle Kraft voraus
Immer rein, ins himmelweite All voll Glück

MARBURG AN DER LAHN

So kalt und frisch
Der Morgentau
Doch so schön
Es kommt die Sonne raus

Es ist ein so schöner
Tag im Herbst
Die Sonne sie berührt
Haut und Herz

Bunte Blätter fallen
Herab auf den Asphalt
So farbenfroh wirkt –
Am Rande der Stadtwald

So herrliche, frische
Herbstgefühle an der Lahn
Marburg – Marburg
Ich liebe dein Lahntal

Diese Vielfalt
In dieser Stadt
Deinen Anblick
Bin ich niemals satt

Marburg –
Du bist mein Leben
Diese Zeilen will ich
Dir nun hiermit geben

ALS „NEUES" WIEDERKEHREN

Alles hält nur
Lebenslänglich
Denn auf ewig sind wir
Doch vergänglich

Ewigkeit oder
Am Ende der Zeit
Wer weiß schon ob noch –
Ein Leben nach dem Tod uns bleibt!?

Wir denken und wissen
Haben wir doch nur das eine Leben
Doch was, - wenn wir doch
Als „Neues" wiederkehren?

Fragen, nix als Fragen
Mit den Antworten gehen wir leer aus
Leben um zu sterben?
Um Sterne dann zu werden?

Die Galaxie so unbegrenzt
Unbegreiflich weit
Unvorstellbar groß –
Ist doch Gottes Land und Reich

WIRKLICHKEIT

Unvoreingenommen
Was würde ich dichten
Wenn die Welt –
Nicht so wäre
Wie sie aber ist

Ein Leben
Welches dann ein
Anderes wäre
Ohne die Realität
Und ohne Wirklichkeit

Doch –
Wie wirklich
Ist denn die Wirklichkeit?

Was ist echt?
Was ist wahr?
Was ist real?
Was war – das war!

SO LEIDVOLL SCHÖN

In der Schule lernte ich das Schreiben
Auf dem Schulweg, schön sehr früh das Leiden
Trotzdem hasste ich nie die Schule
Heute teilen sie sich mich, das Schreiben und das
Leiden

Ich bin der Körper, das Gefäß
Die Hülle des Inhalts der Gefühle
Und wenn ich schreibe dann –
Spüre ich, dass ich lebe

Es ist so traurig und doch so
Leidvoll schön anzusehen
Herz und Seele atmen auf
Wenn sie in den Zeilen stehen

Meine Schmerzen und mein Leiden
Treiben meinen Weg an
Das ist ein Aufstieg, ein Anfang
Doch es macht auch einsam

Denn Freunde und
Bekannte, meine Liebe
Gingen den Weg nicht mit
Abschied, Trauer, Abgang

Heute scheint auch mal –
Die Sonne nach dem Regen
Daran war früher nicht zu denken
Dies hat's damals nicht gegeben!

SONG DES LEBENS

Die Melodie des Lebens
Wie soll sie denn klingen?
Welches Lyrics soll der Sänger
Dir denn singen?

Soll dein Lied hoffnungsvoll
Und frohen Mutes sein?
Oder rau und kantig
Mit tiefem Bass und Felsgestein!?

Lebst du den Blues?
Fühlst du dich noch ganz old school?
Oder modern!?
Oder mehr so – 50er Rock'n'Roll!?

Wie lautet der Titel
Des Songs deines Lebens!?
„Ich habe gelebt –
Ich habe geliebt, nix war vergebens"!?

Auf der Spur
Ins volle Glück
Ohne große Reue

Ich bin ich
Ich bleibe es auch
Für mich zählt jede Treue

DER DOLCH IN DER BRUST

Was ist mit unserem Leben passiert?
Was ist denn nur geschehen?
Ist es die letzte Chance zu reden
Denn danach wird's keine mehr geben!?

Spießen wir gerade wirklich
Vollkommen unsere Herzen auf?
Ich habe einen Dolch in der Brust
Ich habe nicht um diesen Schmerz gewusst!

Der Schmerz schlägt so tief
So tief in mich hinein
Angeknackst die Seele
Wie ein rauer Stein!

Jetzt verfällt alles zwischen uns
Alles was war – zu Staub?
Verdammt! Es ist so traurig!
Es schmerzt, auszuhalten ist es kaum!

Mein Herz zerspringt
Ja auch meines, es reißt entzwei
Tut mir leid um unsere Liebe, wirklich!
Bitte verzeih'!

Ich fühle mich so schlecht und mies
Das Monster, das in meinem Namen schrieb
Alles vorbei – echt alles zu Ende!?
Ich will es halten doch, mir reißen die Hände!

DER ZUG AUF GLEIS 3

Der Zug er fährt ein
Er hält auf Gleis drei
Der fragt sich „steige ich ein"!?
Bin ich dann frei?

Die Sehnsucht
Sie ruft nach ihm – so weit
Bis zu den Sternen, fährt über den Regenbogen
Wo ewig die Sonne vor den Wolken scheint

Dieser Gedanke
Frei zu sein
Begleitet ihn, hat in ihm
Sein festes Heim
Der Blick in den weiten Horizont –
Scheint die Dauer der Unendlichkeit zu sein

Alles fällt auf der Welt
Über Bord
Weit oben doch in den Wolken –
Ist der freie Ort

In Gedanken-Träumerei
Startet nun wieder der Zug auf Gleis drei
Die Türen sind verschlossen
Er sitzt nicht im Abteil dabei

Er schaut dem Zug
Nur hinterher
Blick zum Himmel, tränenvoll –
Sehnsucht schmerzt unheilbar sehr!

DER FALL IN DIE NACHT

In falle in die Nacht hinein
So leblos leer kann das Leben sein
Ich atme aus und Einsamkeit tief ein
Oh! Ich bin so kalt wie Stein!

Ich bin allein in mir Zuhaus'
Fenster und Türen sind verschlossen
Es führt kein Weg hinaus - alles ist dunkel
Es gibt keinen Lichterschein, so trostlos kann das
Leben sein

Ich spüre Kälte, furchtbare Kälte
Durch die Haut bis auf die Knochen
Leere Hände, Herz gebrochen —
Fühle mich so ganz ohne Seele, einsam und allein —
Sind doch voller Spuren so viele Wege

Der Fall in die Nacht, schlaflos lag ich da
Im Fall in die Nacht — so habe ich sie hinter mich
gebracht
Einsam, verlassen, ganz allein
Wie leblos leer kann doch so ein Leben sein
Erdrückend dunkel, grau und leer
Beklemmt, ist die Seele und das Herz, wie Blei so
schwer

Im tiefen Fall in die Nacht
Ist alles so finster, trübe — nur das Schwarz!
Was lauert in den Ecken, in dem Schatten!?
Dämonen, böse Geister, Spinnen und auch Ratten!

Nun falle ich in die Nacht hinein
So einsam und verlassen kann das Leben sein
Kein Entrinnen, kein Entkommen
Die Nacht hat noch nicht einmal richtig begonnen

Diese Nacht ist wie ein Labyrinth – es gibt –
Keinen Ausweg im Gedankenspiel, wachs du oder
träumst du?
Drehst du dich mit Haut und Haar und mit
Dem Verstand und Herzgefühl?

DIE ANTWORT DIESER WAHRHEIT

Ich wünschte so sehr
Ich könnte meinen Kopf ausschalten
Doch auf der Suche nach dem Leben
Ist da noch mehr!

Doch alles zu begreifen
Verstehen zu wollen
Es übersteigt meinen Verstand so sehr!

Warum suche ich in allem einen Sinn?
Es steckt doch nicht in allem einer drin!
Solange ich lebe, schreibe ich doch alle Tage
Weil dies in mir steckt, was ich mit mir trage!

Lebenssinn und Tiefgründigkeit, habe sie doch nie
gefunden
Denn sie doch nicht gesucht!
Sie fanden mich, ist es Schicksal, ist es Berufung,
Bestimmung?
Ich würde es gern wissen, doch finde die Wahrheit
dieser Antwort nicht!

Die Wahrheit
Sie ist da draußen
Warum bin ich nur, so wie ich denn bin!?
Auf der Suche nach dem Sinn

Das Geheimnis lüften wollen
Führt mich über 1000 Wege
Doch wo komme ich raus, wo führt mich
Mein Leben denn noch hin!?

TREIBST DU IM WASSER?

Was will ich sein, was ist mein Ziel?
Das Leben ist auf Lebenszeit ein Spiel
Was steckt in mir, was zeichnet mich aus?
Wohin gehe ich und wo komme ich raus!?

Ich, bin ich – wirklich ich?
Wenn ich einen Teil in mir verliere
Bleibe ich dann ich –
Was geschieht!? Verliere ich mich!?

Wer sind wir, in Wahrheit denn?
Was geschieht, wenn uns're Herzen brenn'
Täuschen wir alle – auch uns selbst?
Stehst du allein auf, wenn du zu Boden fällst!?

Was ist geschehen, wohin werden wir gehen?
Wer fällt und liegen bleibt, bleibt stehen!
Wer sind wir und was wollen wir?
Singular und kollektiv, wo stehst du hier!?

Treibst du im Wasser – Teich, Fluss
Oder im weiten, großen Meer!?
Fragen über Fragen frage ich –
Und glaube mir, ich habe noch mehr!

ICH BIN INNERLICH LEER

Momentan fühle ich mich so kaputt
Einsam und auch verloren
Habe wohl irgendwo die Spur verpasst
Vielleicht falsch abgebogen!?

Ich bin innerlich leer
Gedanken machen mir den Kopf so schwer
Würde gerne alles wissen
Doch weiß ich gerade echt gar nichts mehr!

Was ist passiert, was ist geschehen?
Kann ich weit in die Zukunft sehen?
Welche Straße, welche Wege –
Werde ich betreten, werde ich gehen!?

So einsam und allein
Fühlt sich alles doch so – verlassen an
Vertraut seit Kindertagen eigentlich
Hin und wieder, denke ich daran

?

Ist man Gewinner, ist man Verlierer!?
Wie und wodurch wird es definiert!?
Wer richtet und urteilt überhaupt darüber!?
Man ist, wie man ist – dafür kann man nichts!

Jeder Charakter, jeder Wesenszug
Alles ist man, alles ist ein einem - bei jedem Atemzug
Man kann nichts für seine Gefühle
Schon schwierig genug, wenn sie uns aufwühlen!

Wer urteilt und wer richtet
Wir leben unser Leben, es wird unsere Geschichte
Möge Gott mir alle Fehler verzeihen
Die Dinge ich die tat, wo andere vielleicht weinten

Möge Gott doch Vergebung erteilen
Doch ich verlange sie nicht
Nur dass die Wunden anderer doch bitte heilen!
Ich ziehe mich selbst ins Gericht!
Leide und fühle Schmerzen, über die garantiert keiner
spricht!

Ich kann nur leben
Wenn ich es aufschreibe
Meine Wahrheit! Will keine Lügen –
In meinem Namen schreiben!

Die Wahrheit ist oft hart
Sie schlägt und drückt auch nieder
Doch ich bin ich und bleibe es
Ich schreibe es immer wieder!

WIE DASS ICH TÄGLICH STERBE!

Es ist hart aber gerecht
Das innere Gericht
Vieles gegeben, alles verloren
Erreicht habe ich nichts!

Warum habe ich Träume?
Woher die hohen Ziele?
was bringt's mir alles, wenn –
Ich doch immer auf die Fresse fliege!?

Ich sollte die Gedanken blockieren
Meine Euphorie, bis zum Letzten ignorieren
Dann geht die Fahrt zur Endstation
Voller Frust, unzufrieden in die Depression!

Herz blüht auf. Herz verschließt sich
Träume kommen, gehen – es interessiert nicht!
Nur die Funktion meiner Person
Alles andere, das ist egal – das weiß ich schon!

Ich zerfetze und zerlege mich
Mit Haut, Haar, Herz und voller Seele
Ob ich liebe, lache ist so relativ –
Wie dass, ich sterbend täglich lebe!

VERLORENES KÖNIGREICH

Wie oft habe ich schon
Gesagt, versucht, gewünscht
Schlussstrich – das war`s für mich
Doch habe gemerkt so einfach ist es nicht
Denn das Schreiben ist mein Leben –
Atemzüge sind Wort und Schrift

Und so ist es, wie es all die Jahre kam
Während die Zeit verstreicht
Zog ich ein, in des Lyrik-Königreich
Jetzt lebe ich hier, Schriftrollen beschrifte ich
Ich schreibe ganze Bände, gebt mir nur Papier

Verloren ist das Königreich, wenn –
Ich erst nichts mehr zu schreiben weiß
Doch ich schreib' und schreib'
Weil ich dran bin und dran bleib

Ich schreibe denke ich, bis ich nicht mehr kann
Bis ich sterbe, bis zu meinem Tag X
Solange packe ich's – schreibe einfach doch zu gern
Ich schreibe nicht bloß so
Das ist Leidenschaft und nicht nur mal –
Ein Kurzbesuch im Zoo!

Königreich, Buch-Band
Schreiben ist, wo ich die Erlösung fand
Zettel leer, dann vollgeschrieben
Die Sprache leben und Reime lieben

Dichten in
Aller Kunst und Form
Sagt was ihr wollt – ich weiß
Bin dafür gebor'n

KREISEL

Ich bin im Kreisel
Der Gedanken und Gefühle
Wo geht's zum Ausbruch
Um dem Chaos zu entfliehen

Der Kopf vereinnahmt
Die Seele lang ergriffen
Die Vernunft hat entschieden
Doch das Herz noch nicht begriffen

So ein durcheinander
Doch kontrolliert in der Rotation
Das Alte geht zu Ende
Und es entsteht eine neue Formation

Kreisel, Spirale
Teufelskreis
Alles in allem sind sie
Doch letztlich eins

Der Kreisel dreht sich
Voller Schwung und unaufhörlich
Dreht so wie er drehen muss
Doch macht somit alles nur beschwerlich

JEDEN TAG DIE GLEICHEN GEDANKEN

Ich lebe hier tagtäglich
Um doch lediglich und bloß nur bezahlen
Sie wollen immer alle nur mein Bestes!
Alles gelogen was sie sagen

Jeden Tag steigt
Der Hass und die Wut in mir
Von Tag zu Tag
Werden die beiden immer mehr

Ich mag es nicht mehr in der Gesellschaft
Diese Geilheit auf das Geld
Das Leben könnte so schön sein
Ohne die Skrupellosen in dieser Welt!

Ich werde bös' und aggressiv
Weil ich die Scheiße hier blicke!
Doch es fällt schwer dagegen etwas zu tun
Hoffe dass, ich mit den Texte alle erwische

Jeden Tag die gleichen Gedanken
Sorgen und Schmerzen auf der Seele
Ich gebe hier lediglich zurück
Wie und warum ich mich so fühle

Man ist das Ziel, das erfasst wird
Das Bulls-Eye auf der Scheibe
Man rutscht in die Scheiße
Hat hier Miese, steht in der Kreide

TROTZ ALL DER FERNE

In der Umgebung von Verrätern
Im Loch voller Ratten
Erkennt man den Wert
Den das eigene Leben hat
So viele die dich ausbeuten
Die dich bluten sehen wollen
Die dir wünschen, dass deine Flügel brechen
Und zu Boden fallen sollen

So viele die dir wünschen
Dass du im Feuer brennst
Dass du verlierst und
Im Kreis deiner Verzweiflung rennst!
Im Strudel des Untergangs
Besinnst du dich ganz zu dir und nur auf dich
Drücke der Schlange den Hals ab
Denn sie beißt nur mit ihrem Gesicht

Lass sie ihre Zähne ausbeißen
Bis sie alle ausgeschlagen sind
Bleibe bei dir selbst, wenn du dich gefunden hast
Kannst du dich nicht verlieren, auch nicht im
stärksten Wind
Lasse dich nicht blenden, nicht in die Irre leiten
Deinen Weg wirst du ganz allein bestreiten
Du wirst nie verlieren, wenn du aufstehst
Wirst leuchten wie die Sterne, wenn sie aufgehen

Lass dich nicht unterkriegen
Und dich nicht verbiegen
Du wirst stählern gehärtet im Feuer
Nur wer viel einsteckt, lernt des Erfolges Siege!
Wie tief du vielleicht auf fällst
Du stehst wieder auf, Kopf hoch und auf –
Die Beine drauf! Wenn du unten liegst –
Dann ist der Blick klar zu den Sternen
Greifbar nah, trotz all der Ferne!

WIE DER TIGER MIT DER TATZE

Jetzt ist erstmal Zeit
Tränen laufen zu lassen
Um dann wie der Tiger mit der Tatze
Mit neuer Kraft nach der Beute fassen

Ich bin zerstreut wie das Korn
Bin gestrandet im Sand
Ich habe viel verloren
Fange wieder von vorne an

Ich lasse alle Welt
In meiner Seele lesen
Darum bleibe ich auch allein, so viel Schmerz zu
tragen
Strengt mich an, ganz ungemein

Frei sein wie der Adler im Wind
Damals schon als Kind, stand mir danach der Sinn

Bin wie das verlorene Blatt –
Des Baumes im Park
Verwundet und verletzt
Jeder Schritt macht stark

Kenne mein Leben nicht anders
Bin in der Asche geboren
Zur Glut des Feuers werden
Das habe ich mir geschworen

FUNKTIONIEREN IMMER NUR
DES GELDES WEGEN!?
FUCK UP!
DASS MACHT MICH KAPUTT IM LEBEN!

WAS SOLL MIR DENN
GANZ ANDERES ÜBRIG BLEIBEN
ALS MIR DEN HASS UND DEN KUMMER
VON DER SEELE ZU SCHREIBEN!?

SO MANCHER RITT

Habe so manchen Ritt
Jener Tage hinter mir
Jeder einzelne Schritt
Bleibt ein Teil des Weges hier

Ich wollte zu den Sternen
Mein Blick war wohl oben auf
Doch mehr Platz war weiter unten
So stolperte ich durchs Leben auf meinem Lauf

Menschen kamen und sie gingen
Manche kamen sogar einmal zurück
Doch ich war nicht fürs neu Beginnen
Denn es blieben lediglich Scherben aus allem Glück!

Ein weiter Weg durch Wald und Land
Über Berge und durch Täler
Die Luft wurde enger
Manche Wege dadurch schmäler

Mit den Engeln fliegen wollen
Doch in die Tiefe des Bodens getreten
Es war nicht immer einfach, sich entgegen
Der Erdanziehungskraft sich zu bewegen

Mit diesem Band, endet die Reihe
ENTGEGEN DER ZEIT

Liebe Leserinnen und liebe Leser,

ich bedanke mich bei Ihnen allen, dass Sie
sich für meine Buchreihe entschieden haben.

Insgesamt gibt es nun 20 Bände voller Lyrik,
Gedichte und Reime aus allen erdenklichen
Lebenslagen.

Nun widme ich mich neuen Projekten, ein
neuer Schreibvielfalt.

Das erste Buch außerhalb der ENTGEGEN
DER ZEIT – Reihe ist bereits erhältlich und
trägt den Titel
„ACHTUNG! LYRIK – DER ANDEREN ART"

Vielen Dank für alles, vielen Dank für Ihren
Support und bis bald.

Ich wünsche Ihnen allen eine angenehme und
gute Zeit···

Christian Hofmann, Autor Entgegen der Zeit

Christian Hofmann, geb. 5.3.1986 in Biedenkopf bei
Marburg.
Der Autor lebt im mittelhessischen Marburg an der
Lahn dort, wo die Sammlung seiner literarischen
Werke einst entstanden und noch weitere entstehen.

Impressum

Bibliografische Information der Deutschen
Nationalbibliothek: Die Deutsche Nationalbibliothek
verzeichnet diese Publikation in der Deutschen
Nationalbibliografie; detaillierte bibliografische Daten
sind im Internet über dnb.dnb.de abrufbar.
© 2020 Christian Hofmann
Herstellung und Verlag: BoD – Books on Demand,
Norderstedt
ISBN: 978-3-7526-7225-1